Monika und Nicole Helbig

Dekorieren mit der Serviettentechnik

frechverlag

Von den Autorinnen sind viele weitere Bücher im frechverlag erschienen. Hier eine Auswahl:

TOPP 2549

TOPP 2551

CL 5021

TOPP 2343

TOPP 2303

TOPP 2416

Wir bedanken uns bei der Firma IHR (Ideal Home Range), Essen/Oldbg., für die freundliche Unterstützung.

Fotos: frechverlag GmbH + Co. Druck KG, 70499 Stuttgart;
Fotostudio Ullrich & Co., Renningen

Dieses Buch enthält:
1 Vorlagenbogen

Auflage: 7.	6.	5.	4.	3.	Letzte Zahlen
Jahr: 2004	2003	2002	2001	2000	maßgebend

frechverlag GmbH + Co. Druck KG, 70499 Stuttgart

ISBN 3-7724-2613-1 · Best.-Nr. 2613

Druck: frechverlag GmbH + Co. Druck KG, 70499 Stuttgart

Gehören Sie zu den Menschen, die gerne alles Mögliche sammeln? Vielleicht sind ja Servietten in Ihrem Repertoire dabei. Dann haben Sie hier gute Karten.

Die Serviettentechnik ist nämlich eine neue Technik, bei der sich alles um die Serviette dreht.

Man nehme einen Serviettenkleber und Servietten und schon kann es losgehen: Terrakottatöpfe, Vasen, Dosen und vieles mehr lassen sich je nach Serviettenmotiv, verschiedenen Jahreszeiten und Anlässen entsprechend, gestalten.

Ein Tablett, mit Kürbis- und Blättermotiven beklebt, wirkt besonders herbstlich.

Zum Sommer passen eher Töpfe mit Mohnblumen. Möchten Sie Ihre Wohnung lieber edel dekorieren, so liegen Sie mit Vasen und Schachteln, die Lilienmotive schmücken, richtig. Auch Leute mit extravagantem Geschmack werden in diesem Buch fündig: Wie wär's mit einem Torso im Leopardenlook?

Selbst alte Gegenstände können Sie mit dieser Technik neu aufpeppen. Das i-Tüpfelchen bei einigen Modellen ist die aktuelle Krakeliertechnik.

Übrigens: Die Serviettentechnik eignet sich ausgezeichnet dazu, originelle und individuelle Geschenke herzustellen.

Lassen Sie sich einfach von diesem Buch dazu inspirieren!
Viele kreative Ideen wünschen Ihnen

Monika und Nicole Helbig

Material

Servietten:
Servietten gibt es in den verschiedensten Farben und Formen, mit unzähligen Motiven. Es wird nur die oberste bedruckte Lage verwendet. Häufig müssen Sie Motive ansetzen, da die Servietten nicht groß genug sind. So entsteht ein „Puzzle“. Bei hellen Servietten sollte auch die Oberfläche des zu verzierenden Objekts möglichst hell sein. Sonst kommt das Motiv nicht zur Geltung.

Serviettenkleber:
Es gibt viele verschiedene Sorten von Klebern, die alle mit dem Pinsel aufgetragen werden.

Acrylfarbe:
Diese Farbe brauchen Sie zum Grundieren und Verzieren Ihrer Objekte. Sie können damit Papier, Holz, Ton usw. bemalen. Es gibt auch Farben, bei denen das Serviettenmotiv direkt aufgelegt wird („Fixierfarben“).

Crackle Medium (Krakeliermedium):
Diese Farbe lässt Ihre Objekte altern. Das Medium wird zwischen zwei Farbschichten aufgetragen. Wenn die oberste Farbschicht trocknet, dann entsteht der „Crackle Effekt“. Sie sollten das Crackle Medium und die Acrylfarbe immer über Nacht trocknen lassen, bevor Sie die Servietten aufkleben. Denn wenn das Medium nicht vollständig durchgetrocknet ist, zerreißt die Serviette.

Bügeleisen und Backpapier:
Mit dem Bügeleisen bügeln Sie die Serviettenmotive bei der Bügeltechnik (Mod Podge) auf. Dazu benötigen Sie auch Backpapier. Stellen Sie den Temperaturregler auf Baumwolle.

Föhn:
Mit einem Föhn können Sie die Trocknungsvorgänge der einzelnen Farben beschleunigen.

Pinsel:
Zum Auftragen der Farben brauchen Sie jeweils dem Objekt entsprechende Pinsel.
Zum Auftragen des Klebers verwenden Sie am besten einen breiteren Pinsel.

Lack:
Es gibt Klarlack und Mattlack. Verwenden Sie, was Ihnen am besten gefällt. Sie überziehen die fertigen Objekte mit Lack, da der Kleber meist nicht wasserfest ist.

Patina:
Patina gibt es in verschiedenen Farben und mit verschiedenen Effekten, zum Beispiel in Metallic. Sie wird vorsichtig mit einem weichen Tuch auf den Gegenstand gerieben. Sie können Töpfe, Vasen, Bilderrahmen, Dosen, Tabletts etc. verzieren.

So geht's

Klebetechnik

Bestreichen Sie entweder den gesamten Untergrund oder nur die Stelle, auf der das Motiv angebracht werden soll, gleichmäßig mit Serviettenkleber. Wenn dieser ganz leicht angetrocknet ist, legen Sie das Motiv auf und streichen es von innen nach außen vorsichtig mit der Hand oder einem Haarpinsel fest.

Nun können Sie sofort oder nach dem Trocknen eine weitere Schicht Kleber vorsichtig von innen nach außen auftragen. Lassen Sie alles trocknen.

Bügeltechnik

Für die Bügeltechnik benötigen Sie Mod Podge. Mod Podge ist ein weißer, wasserlöslicher Leim, matt oder glänzend. Er wird mit dem Pinsel aufgetragen. Sie leimen als Erstes die Stelle mit Mod Podge ein, die Sie verzieren wollen. Der Leim muss dann trocknen. Hier können Sie ein wenig mit dem Föhn nachhelfen.

Legen Sie die vorbereitete Serviette auf die eingeleimte Stelle, decken Sie sie mit Backpapier ab und bügeln Sie mit dem Bügeleisen (Einstellung Baumwolle) darüber. Der Mod Podge-Kleber schmilzt durch die Hitze des Bügeleisens und verbindet sich dadurch mit der Serviette. Anschließend lassen Sie das Backpapier leicht abkühlen, bevor Sie es vorsichtig abnehmen.

Danach bestreichen Sie die aufgeklebten Serviettenmotive nochmals mit Mod Podge. Sie beginnen in der Motivmitte und arbeiten sich nach außen vor. Zum Schluss können die fertigen Objekte zum Schutz noch mit Klarlack versiegelt werden.

„Crackle Technik"

Achtung: Dieser Schritt muss immer ***vor*** der Serviettentechnik durchgeführt werden!

Es ist immer die Farbe des Untergrunds, die bei dieser Technik nachher durch Risse zu sehen ist. Sollte Ihnen die Farbe Ihres Objekts so gefallen wie sie ist, dann brauchen Sie den ersten Schritt nicht durchzuführen.

1. Bemalen Sie das gewünschte Objekt mit Acrylfarbe (Grundierung). Lassen Sie diese Farbe vollständig trocknen.

2. Tragen Sie nun eine dicke Schicht Crackle Medium auf die Flächen auf, die krakelieren sollen. Föhnen Sie das Crackle Medium trocken. Je dicker Sie das Krakeliermedium auftragen, desto stärker werden die Risse und Sprünge.

3. Nun können Sie die obere Farbschicht Acrylfarbe auftragen. Dazu tränken Sie einen dicken Pinsel mit der gewünschten Farbe und tragen sie mit kreisenden Bewegungen auf das Krakeliermedium auf. Achten Sie darauf, dass Sie nicht zweimal über die gleiche Stelle streichen. Am besten tränken Sie den Pinsel immer mit ausreichend Farbe. Die Risse entstehen unmittelbar beim Trocknen.

Bevor Sie nun mit dem Aufkleben der Serviettenmotive fortfahren, lassen Sie die Farben mindestens einen Tag aushärten.

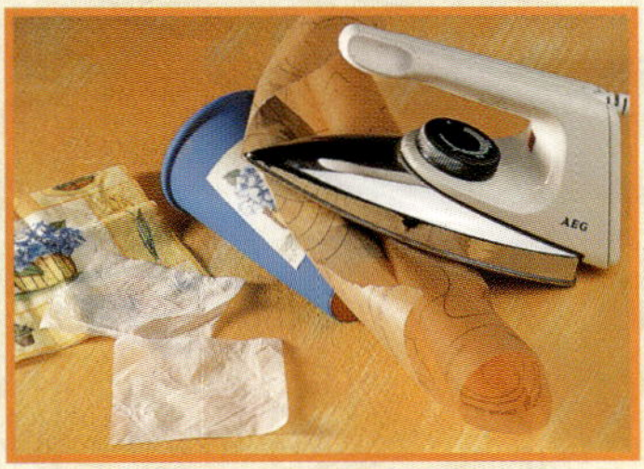

Beachten Sie bei allen Modellen die Anleitungen auf Seite 4/5!

Mediterrane Oliven

- *Serviette „OLIVE“, terra*
- *Serviettenkleber*
- *Klarlack*

Toller Effekt:
Da die Serviette schon ein gebrochenes Muster hat, scheint es, als wären die Modelle auch mit Crackle Medium bearbeitet.

Teller

- *Terrakottateller, ø 35 cm*

Messen Sie zuerst die Mitte des Tellers aus und schneiden Sie einen Kreis in der entsprechenden Größe aus der Serviette zu.
Für den Tellerrand schneiden Sie den Rand der Serviette in kleine, ca. 7 cm lange Stücke.
Diese Stücke kleben Sie wie ein Mosaik auf den Tellerrand.

Vase

- *1 kugelige Terrakottavase*

Bekleben Sie die Vase vollständig, bis auf den Rand, mit dem Olivenmotiv. Achten Sie darauf, dass die Serviette auch in die Rillen der Vase gelangt. Dazu drücken Sie die Serviette vorsichtig mit den Fingern und einem Pinselstiel in die Rillen.
Der Vasenrand wird mit einem Stück des Serviettenrands verziert.

Dachpfanne

- *Dachpfanne*
- *Kleine Terrakottavase, ø 19 cm, 14 cm hoch*

Verzieren Sie zuerst die kleine Vase am Rand entlang mit dem Randmotiv der Serviette.
Anschließend schneiden Sie die Mitte der Serviette zurecht und verzieren damit die Mitte der Dachpfanne. Nun schneiden Sie die Serviettenränder für den Rand der Dachpfanne aus. Die Dachpfanne erhält mit dem Serviettenrand einen schönen Rahmen. Dazu muss die Serviette allerdings immer wieder an den Ecken angesetzt werden.
Zuletzt kleben Sie die kleine Vase vor die Dachpfanne.

Hinweis: Bei Terrakotta sollte der Ton ohne Glasur sein, da sonst der Serviettenkleber nicht gut haftet.

Filigranes Blütenmeer

(Abbildung Seite 8)

- *Serviette „ SILK ROSE“, creme*
- *Acrylfarbe, hautfarben*
- *Acrylfarbe, goldfarben*
- *Crackle Medium*
- *Serviettenkleber*
- *Klarlack*

Torso

- *Torso, 31 cm hoch*

Zuerst bemalen Sie den Torso mit hautfarbener Acrylfarbe. Während die Farbe trocknet, können Sie die Serviettenteile gemäß der Vorlage ausschneiden.
Sollte die Vorlage für Ihren Torso etwas zu groß sein oder nicht genau passen, so schneiden Sie die Überstände ab.
Nun werden die Motive mit Serviettenkleber aufgebracht. Nur die Serviettenteile werden mit Klarlack überzogen.

(Weiter auf Seite 8)

Filigranes Blütenmeer

Dose

❖ *Pappdose, ø 11,5 cm, 18 cm hoch*

Bemalen Sie zuerst den Rand des Dosendeckels mit goldener Acrylfarbe. Lassen Sie die Farbe gut trocknen. Anschließend tragen Sie Crackle Medium auf. Nach dem Trocknen folgt der Auftrag von hautfarbener Acrylfarbe. Nachdem alle Farben getrocknet sind, wird mit Bleistift ein „Serviettenkreis“ in Größe des Dosendeckels ausgeschnitten und aufgeklebt (Serviettenkleber). Bekleben Sie den Dosenrand vollständig mit der Serviette.

Rosenzauber

- *Serviette „ROSEBUD“, creme*
- *Serviettenkleber*
- *Klarlack*

Schachtel

- *Runde Holzschachtel, ø 23 cm, 13 cm hoch*
- *Weiße Acrylfarbe*
- *Satinband, orangefarben, 0,5 cm breit, 150 cm lang*

Bemalen Sie die Holzschachtel mit weißer Acrylfarbe.
Während die Farbe trocknet, schneiden Sie aus der Serviette einen 9 cm breiten Streifen und einen Kreis (ø 18 cm) aus.
Kleben Sie den Kreis mittig auf den Deckel. Der Streifen wird um die Schachtel herum geklebt. Zuletzt kleben Sie entlang des oberen und unteren Rands des Serviettenstreifens ein Satinband.

(Fortsetzung auf Seite 10)

Rosenzauber

(Abbildung Seite 9)

Spiegel

- *Holzrahmen, 28 cm x 36 cm*
- *Spiegel, 27 cm x 35 cm*

Bekleben Sie zuerst den Holzrahmen mit Serviettenstreifen. Messen Sie dazu die Stege des Rahmens aus und addieren Sie an den äußeren und inneren Kanten 1 cm dazu. Dann kleben Sie den Spiegel hinter den Rahmen.

Bilderrahmen

- *Bilderrahmen aus Pappe, 21 cm x 16 cm*
- *3 getrocknete Rosen*
- *Acrylfarbe, weiß*
- *Kleber*
- *Satinband, orangefarben, 0,5 cm breit, 150 cm lang*

Streichen Sie den Bilderrahmen vollständig mit Serviettenkleber ein. Anschließend legen Sie die Serviette ganz über den Rahmen und schneiden den Rand ab. Lassen Sie den Rand etwas von der Serviette überstehen, die Sie dann nach hinten schlagen und festkleben können. Die Rückwand des Rahmens wird mit weißer Acrylfarbe angemalt.
Kleben Sie drei Rosenblüten in den Rahmen und verzieren Sie die Rosen mit einer kleinen Satinschleife.

Lilien

- *Serviette „LILIA", silber*
- *Crackle Medium*
- *Acrylfarbe, orangefarben*
- *Acrylfarbe, grau*
- *Serviettenkleber*
- *Klarlack*

Bestreichen Sie zuerst Tüte, Herzdose und Vase mit orangefarbener Acrylfarbe.
Lassen Sie die Farbe trocknen und tragen Sie anschließend Crackle Medium auf. Sparen Sie dabei den Deckelrand, den Vasenrand und einen 3 cm breiten Rand bei der Tüte aus. Danach bemalen Sie die mit Crackle Medium versehenen Flächen mit grauer Acrylfarbe.
Nachdem die Farben mindestens einen Tag lang ausgehärtet sind, werden die Objekte mit Servietten beklebt.

Vase

- *Terrakottavase, (ø 14,5 cm, 18 cm hoch)*

Schneiden Sie zwei einzelne große Lilienblüten aus.

Herzdose

- *Herzdose, 24 cm x 21,5 cm*

Für den Deckel schneiden Sie eine Dreiergruppe von Lilien aus. Für den Dosenkörper brauchen Sie vier Einzelblüten.

Tüte

- *Papiertüte, 21 cm x 16 cm*

Sie brauchen für jede Tütenseite eine Dreiergruppe der Lilien.

Asiatische Kombination

- *Serviettenkleber*
- *Klarlack*

Bild

- *Serviette „BAMBOO", schwarz*
- *Serviette „WILDTHING", schwarz*
- *Bilderrahmen, 22 cm x 22 cm*
- *3 Bretter einer alten Apfelsinenkiste, je 6 cm breit, 20 cm lang*

Bekleben Sie den Bilderrahmen mit dem Serviettenmotiv „Fell". Achten Sie darauf, dass die Servietten an den Rändern des Rahmens etwas überstehen, damit man den Rahmen umkleben kann. Dann kleben Sie drei Latten für die Rückwand aneinander. Schneiden Sie nun ein passend großes Motiv aus der Serviette „Bambus" aus und kleben Sie es auf die Latten.
Nachdem Rahmen und Bildmotiv getrocknet sind, befestigen Sie das Motiv hinter dem Rahmen.

Dose

- *Serviette „BAMBOO", schwarz*
- *Serviette „ELEPHANT", rot*
- *Dose aus Pappe, ø 17,5 cm*

Schneiden Sie einen Kreis (ø 17,5 cm) aus der Bambusserviette für den Deckel der Dose aus und kleben Sie ihn auf. Den Deckelrand bekleben Sie mit der oberen Zierborte der Elefantenserviette. Die Borte sollte 1,5 cm breit sein. Die Dose bekleben Sie mit der Elefantenbordüre (6 cm breit).

Leopardenlook

- *Serviette „WILDTHING“, schwarz*
- *Serviette „GATTOPARDO“, blau*
- *Serviettenkleber*
- *Klarlack*

(Fortsetzung Seite 14)

Leopardenlook

(Abbildung Seite 13)

Vase

- *Terrakotta-Vase, ø 13 cm, 15 cm hoch*
- *Acrylfarbe, grau*
- *Acrylfarbe, silbern*

Malen Sie zuerst die Vase mit grauer Acrylfarbe an. Den Vasenrand bemalen Sie in Silber.
Schneiden Sie den Tierkopf kreisrund aus der Serviette „GATTOPARDO" aus und befestigen Sie ihn an der Vase.

Schachtel

- *Pappschachtel, ø 13,5 cm, 6,5 cm hoch*

Schneiden Sie für den Deckel einen Kreis (ø 12,5 cm) mit Leopardenkopf aus der Serviette aus. Dieses Motiv kleben Sie in die Deckelmitte.
Aus der Serviette „WILDTHING" schneiden Sie einen 1 cm und einen 2 cm breiten Streifen von der Randverzierung ab.
Der schmale Streifen kommt an den Deckelrand, der andere Streifen an den unteren Rand der Schachtel.

Torso

- *Papptorso, 31 cm groß*

Schneiden Sie die Einzelstücke zum Bekleben des Torso nach dem Schnittmuster auf dem Vorlagenbogen aus der Serviette „WILDTHING" aus. Die Streifen für die Träger und den Reißverschluss werden aus dem goldverzierten Serviettenrand ausgeschnitten. Sie sind ca. 1 cm breit.

Hortensienblüten

- *Serviette „HORTENSIE", gelb*
- *Serviette „MYSTERIOUS", lila*
- *Acrylfarbe, weiß*
- *Serviettenkleber*
- *Klarlack*

Bemalen Sie zuerst die beiden Schachteln mit weißer Acrylfarbe und lassen Sie sie trocknen.

Große Schachtel

- *Pappschachtel, 11,5 cm x 11,5 cm*

Schneiden Sie eine große Hortensienblüte aus der Serviette „HORTENSIE" aus. Diese Blüte befestigen Sie mit Serviettenkleber auf dem Deckel.
Aus der Serviette „MYSTERIOUS" schneiden Sie den schwarzen Streifen mit weißen Blumen aus. Dieser Streifen wird am unteren Rand der Schachtel entlang befestigt.

Kleine Schachtel

- *Pappschachtel, 10 cm x 10 cm*

Aus der Serviette „MYSTERIOUS" schneiden Sie die beiden schwarzen Dreiecke mit den weißen Blumen und die blauen Streifen mit der Goldverzierung aus.
Die Streifen werden um die Schachtel herumgeklebt. Die Dreiecke werden wie abgebildet auf dem Deckel befestigt.

Tüte

- *Papiertüte*

Schneiden Sie zwei große Hortensienblüten, für jede Seite eine, aus der Serviette aus. Dann wird das Serviettenmotiv fixiert.

Bezaubernde Früchte

(Anleitung Seite 18)

- *Serviette „ATHENA", creme*
- *Serviette „ROESEN FRUIT", creme*
- *Serviettenkleber*
- *Klarlack*

Herbstliche Kürbisse

(Anleitung Seite 18)

- *Serviette „PUMPKIN“, blau*
- *Serviette „INDIAN SUMMER“, grün*
- *Acrylfarbe, grau*
- *Acrylfarbe, sandfarben*
- *Acrylfarbe, silber*
- *Crackle Medium*
- *Serviettenkleber*
- *Klarlack*

Bezaubernde Früchte

(Abbildung Seite 16)

Bild

- *Spanplatte, 2,5 cm dick*
- *Steinfarbe, cremefarben*

Übertragen Sie die Vorlage des Bildes mit Kohlepapier auf Holz und sägen Sie die Form aus. Den Rand der ausgeschnittenen Platte flachen Sie mit einer Holzfeile ab. Dann wird die Platte mit Steinfarbe bemalt. Während die Farbe trocknet, schneiden Sie aus der Efeuserviette die Mitte aus. Das wird der Rand des Bildes. Schneiden Sie ein Motiv aus der Serviette „ROESEN FRUIT" aus. Zuerst kleben Sie die Früchte auf die Spanplatte. Dann wird der Rand der Efeuserviette etwas gerissen. So entsteht ein Antik-Effekt. Diesen Rand kleben Sie dann ebenfalls fest.

Kiste

- *Kleine Apfelsinenkiste*
- *Acrylfarbe, kupfer-metallic*

Bemalen Sie die Kiste mit Acrylfarbe. Lassen Sie die Farbe vollständig trocknen. Dann messen Sie die lange und kurze Seite der Kiste aus. Schneiden Sie die Servietten nach den Maßen der Kiste zu. Für die kurzen Seite verwenden Sie die Früchteserviette, für die langen Seiten die Efeuserviette.

Herbstliche Kürbisse

(Abbildung Seite 17)

Tablett

- *Tablett, 26 cm x 38 cm*

Bemalen Sie das Tablett außen mit silberner Acrylfarbe, innen mit grauer Farbe. Tragen Sie Crackle Medium auf die getrocknete Farbe auf, bevor Sie das Tablett innen mit sandfarbener Acrylfarbe ausmalen.
Anschließend schneiden Sie die Kürbisse und Blätter aus den Servietten aus, die mit dem Serviettenkleber auf dem Tablett befestigt werden.

Vase

- *Terrakottavase, ø 14,5 cm, 18 cm hoch*

Bemalen Sie die Vase mit grauer Acrylfarbe. Anschließend tragen Sie das Crackle Medium auf die getrocknete Farbe auf. Malen Sie mit sandfarbener Acrylfarbe darüber. Danach wird die Vase mit einem ausgeschnittenen Kürbismotiv verziert.

„Karierter" Hahn

(Abbildung Seite 20)

- *Serviette „STOLZER HAHN", grün*
- *Serviette „CHECKERBOARD", blau*
- *Acrylfarbe, weiß*
- *Serviettenkleber*
- *Klarlack*

Dose

- *Ovale Dose, 21 cm x 30 cm*

Bemalen Sie den Deckel der Dose mit weißer Acrylfarbe. Schneiden Sie die Serviettenstücke aus: einen Hahn, zwei 20 cm lange Streifen und zwei 12 cm lange, jeweils 1,5 cm breite Karostreifen für den Deckel. Der Streifen für den Deckelrand soll ebenfalls 1,5 cm breit sein.
Für die Dose schneiden Sie einen 10 cm breiten Streifen aus. Befestigen Sie die einzelnen Serviettenstücke wie abgebildet mit dem Serviettenkleber.

(Fortsetzung auf Seite 20)

Blauer Mohn

- *Serviette „Blauer Mohn"*
- *Terrakottavase, ø 14,5 cm, 18 cm hoch*
- *Zigarrenkiste, 12,5 cm x 18 cm*
- *Acrylfarbe, blau*
- *Acrylfarbe, weiß*
- *Crackle Medium*
- *Serviettenkleber*
- *Klarlack*

Bemalen Sie die Vase und die Kiste mit blauer Acrylfarbe. Lassen Sie die Farbe trocknen, bevor Sie die blauen Flächen, außer dem Vasenrand, mit Crackle Medium bestreichen. Nachdem das Medium getrocknet ist, malen Sie weiße Farbe über die mit Crackle Medium bestrichenen Flächen.
Schneiden Sie danach Mohnblüten in verschiedenen Größen und Formen aus und kleben Sie sie auf die Vase und die Kiste.

„Karierter" Hahn

(Vgl. Anleitung Seite 18)

Herzhänger

- *Spanplatte oder Sperrholz, 22 cm x 22 cm*
- *Satinband, weiß, 0,5 cm breit, 100 cm lang*

Sägen Sie das Herz nach der Vorlage aus Sperrholz. Bohren Sie ein kleines Loch zum Aufhängen in das Herz.
Bemalen Sie das Herz mit weißer Acrylfarbe. Dann schneiden Sie aus den Servietten zwei Hähne und zwei karierte Herzränder aus. Zuerst befestigen Sie die Herzränder auf der Vorder- und Rückseite, dann die Hähne in der Mitte. Schließlich können Sie das Herz mit dem Satinband aufhängen.

Niedliche Teddys

(Anleitung Seite 22)

- *Serviettenkleber*
- *Klarlack*

Niedliche Teddys

(Abbildung Seite 21)

Tablett

- *Serviette „Hornveilchen", gelb*
- *Serviette „VAGABUND", grün*
- *Tablett, 30 cm x 40 cm*
- *Acrylfarbe, goldfarben*
- *Acrylfarbe, sandfarben*
- *Crackle Medium*

Bemalen Sie zuerst das Tablett mit goldener Acrylfarbe. Nach dem Trocknen bestreichen Sie die innere Fläche des Tabletts mit Crackle Medium. Lassen Sie das Medium trocknen, bevor Sie die innere Fläche des Tabletts mit sandfarbener Acrylfarbe bemalen. Schneiden Sie nun die Veilchen und den Teddy aus den Servietten aus. Befestigen Sie zuerst die Hornveilchen, dann den Teddy.

Kleine Dose

- *Serviette „HAPPY DAY", blau*
- *Serviette „SPRING DAY", gelb*
- *Pappdose, 7,5 cm x 14,5 cm*

Schneiden Sie aus der Serviette „HAPPY DAY" eine Blume mit Schmetterling und einen kleinen Schmetterling aus. Für den Rand der Schachtel schneiden Sie aus der Serviette „SPRING DAY" einen 2,5 cm breiten Rand aus.

Große Dose

- *Serviette „BEAR BELLE", blau*
- *Pappdose, 9 cm x 16 cm*

Schneiden Sie den Teddy, einen 1,5 cm breiten Blütenstreifen und einen 3,5 cm breiten Blütenstreifen aus der Serviette aus. Befestigen Sie das Teddymädchen auf dem Dosendeckel.
Der schmale Blütenrand wird um den Deckelrand, der breitere Rand um die Schachtel herum geklebt.

Vogelhäuser

- *2 Vogelhäuser aus Pappe, 10,5 cm breit x 13 cm hoch*
- *Serviettenkleber*
- *Klarlack*

Vase mit Stecker

- *Serviette „TENDRIL", gelb*
- *Vase, cremefarben oder hellgelb, ø 14 cm, 30 cm hoch*
- *Rundstab, ø 2 cm, 50 cm lang*

Schneiden Sie für das Vogelhaus die Serviette der Vorlage nach aus. Bei der Vorderseite schneiden Sie die Serviette an der eingezeichneten Stelle ein, damit Sie sie beim Aufkleben durch das Loch stecken können. Für das Dach und den Rundstab schneiden Sie einzelne Efeublätter aus. Die Vase wird der Länge nach verziert. Dafür wird die Serviette in 4 cm breite Streifen gerissen. Wenn alle Motive mit Serviettenkleber fixiert sind, kleben Sie den Rundstab unter das Vogelhaus.

Häuschen zum Hängen

- *Serviette „PANSY", blau-gelb*
- *Serviette „HAPPY DAY", blau*
- *Satinband, weiß, 0,5 cm breit, 100 cm lang*

Schneiden Sie die Stiefmütterchen-Serviette nach der Vorlage zu. Aus der anderen Serviette schneiden Sie eine Blüte und drei Schmetterlinge aus. Blüte und Schmetterlinge zieren das Dach des Häuschens, die Wände sind mit Stiefmütterchen bedeckt. Hängen Sie das fertige Haus an einem Satinband auf.

Dose mit Weintrauben

- *Serviette „DAMASK FLOWERS", grau*
- *Serviette „TASTE OF WINE", orange*
- *Pappschachtel mit Prägung*
- *Serviettenkleber*
- *Klarlack*
- *Patina, gold*
- *Patina, silber*

Schneiden Sie drei blaue Trauben mit Blatt aus der Serviette und kleben Sie sie mit Serviettenkleber auf den Dosendeckel.

Die Prägungen am Deckelrand und an der Schachtel patinieren Sie in Gold und Silber (vgl. Seite 4). Reiben Sie die Farbe mit einem weichen Tuch von innen nach außen auf.

Schneiden Sie aus der Serviette „DAMASK FLOWERS" zwei Streifen zu, 2,5 cm und 3,5 cm breit, und positionieren Sie die Streifen ober- und unterhalb der Prägung.